48 FORTÆLLINGER, DEJLIGE STEDER OG GRATIS GLÆDER

FYN

48

FORTÆLLINGER, DEJLIGE STEDER OG GRATIS GLÆDER

FYN

Forfatter: Kenneth Jensen
Fotograf: Magic Moments by Marianne
Opsætning: iBooks Author
Skrift: Helvetica Neue og Helvetica
Korrektur: www.mariebisgaard.dk
Forsidefoto: Viby på Hindsholm
Udgave: 1. udgave
Udgivet: 2024
Forlag: BoD - Books on Demand, Hellerup, Danmark
Tryk: BoD - Books on Demand, Norderstedt, Tyskland
ISBN: 9788743058465

Tidligere udkommet i samme serie:
Sønderjylland, 2018.
Vestjylland. 2020.

INDHOLDSFORTEGNELSE

FORORD

FORORD

Bogen "48 fortællinger, dejlige steder og gratis glæder" er en skøn lille bog, hvor vi går på opdagelse i det fynske.

Du kan benytte den som en turistguide, så du let kan finde en gratis seværdighed i nærheden, uanset hvor på Fyn du befinder dig.

Bogen er bygget let og overskueligt op. Du kan derfor både vælge at følge forfatterens rute igennem området eller bruge den som opslagsværk til din egen rejse.

Seværdighederne er som nævnt gratis og omhyggeligt udvalgt, så der er lidt for enhver smag.

Vi besøger mange forskellige steder, alt fra skøn natur til gamle bygninger og historiske mindesmærker. Mange af stederne er ikke beskrevet i de almindelige turistguider, men glemte steder, små perler, som forfatteren har valgt at lade genopdage.

I bogen genfortælles gamle fortællinger, som ellers er gået i glemmebogen. 48 gode fortællinger, nogle historiske, nogle tragiske, nogle spændende og andre sjove. Alle har tilknytning til de steder, du kan besøge, de er korte og gør, at stederne bliver spændende for hele familien.

Det er lykkedes forfatteren at lokke mig med på steder, som jeg aldrig havde troet, jeg skulle se. Jeg håber også, at du som læser vil blive fanget af fortællingerne, naturen, bygningerne og mindesmærkerne, som helt gratis ligger og venter på at blive fundet rundt i vores lille skønne Danmark.

God læsning og god tur!

Den gamle middelalderborg

Nedenfor det smukke Hindsgavl Slot, ved Lillebælt, findes på en borgbanke resterne af en middelalderborg.

Selve borgbanken er omkring 15 meter høj med en diameter på omkring 75 meter. Der er kun sporadiske rester tilbage af den gamle borg.

Borgen blev formentligt opført engang slutningen af 1100-tallet og blev blandt andet brugt til at overvåge skibstrafikken i Lillebælt.

På den anden side af Lillebælt lå borgen Høneborg, som kunne bevogte Lillebælt fra Jyllandssiden.

Der var et stort tårn på borgbanken på omkring 10 gange 10 meter, med 2 meter tykke mure og det var omkring 13 meter højt. Det gav en god udsigt ud over Lillebælt. Gennem de næste århundreder blev den løbende udbygget for at kunne yde bedst mulig beskyttelse og være tidssvarende.

Flere gange under urolige perioder i Danmark var den genstand for kamphandlinger og blev ødelagt nogle gange. Hver gang blev den efterfølgende genopført.

I løbet af Svenskekrigene fra 1657 til 1660 blev borgen beskadiget og plyndret af svenskerne, derefter blev den forladt og ikke genopført. Sidst i 1600-tallet blev ruinerne også beskadiget, da tårnet og andre bygninger under en storm skred ned i Lillebælt.

Det nuværende Hindsgavl Slot blev opført i 1784 og bruges idag som hotel, kursuscenter og restaurant.

Der er offentlig adgang til voldstedet, man kan gå til stedet igennem Hindsgavl Slotspark. Undervejs ses tepavillonen "Sorgenfri" med vers af H.C. Andersen, der holdt meget af at besøge Hindsgavl.

Fra voldstedet er der en rigtig god udsigt over Lillebælt.

HINDSGAVL ALLE 7, 5500 MIDDELFART

Henner Friiser boede ikke i huset

Forfatteren B.S. Ingemann skrev i bogen "Erik Menveds Barndom" om Henner Friiser fra Middelfart.

I 1285 var Henner Friiser en ældre mand på 70 år, men på trods af sin alder var han sund og stærk. Han var oldermand for marsvinsjægerne i Middelfart og var meget respekteret.

I bogen bliver hans livshistorie undervejs fortalt, blandt andet var han med til at dræbe den upopulære Kong Abel i 1252. Efter mordet forlod han Frisland og skabte sig en ny tilværelse i Middelfart som bådebygger, færgemand og marsvinsjæger.

Det skulle være sandt nok, at en Henner Friiser slog Kong Abel ihjel i 1252, men at Henner Friiser derefter skulle have levet i mange år i Middelfart, er et udslag af B.S. Ingemanns fantasi. Der er ingen beviser for, at Henner Friiser nogensinde har været i Middelfart.

Uanset hvad, er Henner Friisers Hus et rigtigt smukt gavlhus fra omkring 1580. Sandsynligvis er det opført af en rig købmand fra Middelfart.

Efter kirken er det Middelfarts ældste bygning. Oprindeligt blev kun stueetagen brugt som bolig. Førstesalen var et stort rum, som blev brugt til opbevaring. Ved festlige lejligheder blev den brugt som gildesal.

I starten af 1700-tallet blev der indrettet små rum i bygningen, og fra 1705 til 1865 var det et kongeligt privilegeret gæstgiveri.

Den lå rigtigt godt, for Brogade var en del af hovedlandevejen gennem Danmark fra Middelalderen indtil 1865.

Rejsende og handlende kom forbi, når de skulle ned til skibsbroen for at sejle til Jylland eller hente eller sende gods med skibene.

I dag er Henner Friisers Hus ejet af Middelfart Museum. Bygningen er blevet restaureret nogle gange i de sidste 100 år.

BROGADE 8, 5500 MIDDELFART

Et typisk middelalderligt voldsted

Nyfæste Voldsted er et rigtigt godt eksempel på, hvordan et typisk voldsted så ud i middelalderen.

På en omkring seks meter høj borgbanke omgivet af voldgrave og volde stod der et stort tårn opført i sten eller træ. Tårnet fyldte næsten hele toppen og var i sin tid beregnet til forsvar mod indtrængende fjender.

Ved den høje borgbanke var der også en lav borgbanke med en forborg. Her var selve beboelsen og avlsbygningerne placeret.

Rundt om både den høje og lave borgbanke har der været et højt palisadehegn. Der har sikkert også været et palisadehegn rundt omkring tårnet på den høje borgbanke.

Borgbankerne har været forbundne, således at beboerne i tilfælde af angreb kunne trække sig hurtigt tilbage til tårnet.

Det vides ikke med sikkerhed, hvornår Nyfæste Voldsted er opført. Et godt bud er, at det er opført mellem 1280-1320. I denne periode opførtes der nemlig en del mindre private borganlæg rundt omkring i riget.

Det var urolige tider på Fyn i 1300-tallet, for de holstenske grever havde magten og sad godt fast på Fyn. Først sidst i 1360'erne fik Kong Valdemar Atterdag nedkæmpet dem, og Fyn kom igen under den danske krone.

Det fortælles at, krigsherren Johan Rantzau holdt til her, efter han på vegne af den danske konge havde nedslagtet mange danske bønder i slaget ved Faurskov i 1535. Muligvis havde han også lejr her inden slaget.

Det er sandsynligt, at danske konger brugte Nyfæste Voldsted som et beskyttet overnatningssted, når turen gik hen over Fyn.

Voldstedet forfaldt med tiden og blev forladt. De lokale bønder tog, hvad de kunne bruge fra stedet, for genbrug var også moderne dengang.

NYFÆSTE 6, 5560 AARUP

Kongens hellige hvilesten

Kong Knud var bestemt ikke en populær konge. Han lagde sig ud med stort set alle sine undersåtter og udskrev skatter og bøder, som det passede ham.

I 1085 bestemte kongen, at mænd skulle indkaldes til krigstjeneste. og flåden skulle samles i Limfjorden. Kongen ville erobre England, ligesom de tidligere konger havde gjort det.

Kongen blev forsinket, og de indkaldte mænd begyndte at tage hjem igen for at klare høsten. Det blev kongen meget vred over og dømte dem til at betale meget store bøder. Året efter indkaldtes der igen, men denne gang gjorde mændene oprør, de havde fået nok af kongen og hans bøder.

Kongen flygtede hastigt ned gennem Jylland sammen med sine få trofaste mænd og sejlede fra Slesvig By til Fyn.

Turen videre foregik på den gamle hovedvej der førte til Odense.

Det fortælles, at kongen tog sig et hvil ved Assenbøllemark ved de gamle hellige sten. Det har ikke været et længere hvil, for de oprørske undersåtter forfulgte ihærdigt kongen og hans følge.

De oprørske undersåtter fandt inden længe kongen i Skt. Albani Kirke i Odense, hvor han og sine trofaste mænd blev brutalt myrdet. Kong Knud blev senere helgenkåret, og der skulle være sket mirakuløse helbredelser ved hans grav.

Stenen, som kongen sad på ved Assenbøllemark, er siden hen blevet kendt som Knud Den Helliges Hvilesten. Der skulle være mærker i stenen efter hans sæde.

Der opstod en tradition for, at forbipasserende kastede eller lagde en lille sten på stedet, for det ville bringe held. Nogle senere konger og dronninger kom også forbi og lagde en lille sten.

Stenene ved Assenbøllemark har i oldtiden fået indgraveret skåltegn, så de har sandsynligvis allerede været hellige dengang.

MIDDELFARTVEJ 147, 5492 VISSENBJERG

På afgrundens rand

Her ved Vissenbjerg er det muligt at besøge det sted, som spøgefuldt kaldes Danmarks svar på Grand Canyon i USA.

Afgrunden er en del af et dramatisk landskab fra sidste istid. Da isen trak sig tilbage, blev en stor klump is liggende uden at have kontakt med bræen, som er den store ismasse.

I modsætning til bræen bevægede denne isklump sig ikke, en såkaldt dødis, og nedsmeltningen formede landskabet, som det ser ud i dag.

De tungeste partikler, såsom grus og sten blev liggende på bunden af de søer, som blev skabt af vandet fra dødisen. Smeltevandet løb fra dødisen med en sådan kraft at det skar dybe kløfter i landskabet.

Afgrunden er en af disse kløfter. Den er omkring 16 meter dyb og omkring 400 meter lang.

Sådan et ufremkommeligt sted som Afgrunden dannede i gamle baggrund for historier om røvere der holdt til i huler i landskabet.

Fredløse skulle efter sigende have gemt sig her for at undgå at blive slået ihjel.

Der har nok været noget om snakken, for hovedvejen over Fyn gik dengang i en stor bue udenom Vissenbjerg.

Der er rig mulighed for at gå rundt i området på de markerede vandreruter og se nærmere på landskabet. Turen kan startes ved Fyns højest beliggende kirke, Vissenbjerg Kirke.

Hele området er med sine "landskabstrappetrin" udpeget som geologisk interesseområde, og du kan opleve skov, sø, kilder, lergrave, marker, udsigtspunkter og kløfter.

Det øverste trin er omkring 120 meter over havets overflade, og det nederste trin er Afgrunden.

LERGYDEN 4, 5492 VISSENBJERG

En mindesten for slaget i 1535.

For at mindes 400-året for slaget ved Øksnebjerg den 11. juni 1535 rejstes der i 1935 en mindesten på initiativ af nogle af egnens fremtrædende borgere.

Teksten på mindestenen lyder således: "Her ramte Johan Rantzaus lyn, drev Hansa-vældet ud af Fyn, opsigelse fra samme stund, Papismen fik paa nordisk grund" og "til minde om bøndernes frihedskamp rejstes 1935 denne sten". Johannes V. Jensen forfattede teksten, der mere eller mindre hylder Johan Rantzau.

Grevens Fejde var en borgerkrig i Danmark fra 1534 til 1536. I 1533 udråbte den jyske adel den nyligt afdøde Kong Frederik I's søn som Kong Christian III.

Grev Christoffer stod året efter bag et oprør mod den nye konge og krævede at den tidligere konge, Christian II, skulle løslades. Hansastæderne og dele af den sjællandske og skånske adel støttede oprøret. Borgerkrigen skyldtes også konflikten mellem katolicismen og protestantismen.

ØKSNEBJERG
11 JUNI 1535

HER RAMTE JOHAN
RANTZAUS LYN
DREV HANSA-VÆLDET
UD AF FYN
OPSIGELSE FRA SAMME
STUND
PAPISMEN FIK PÅ NORDISK
GRUND
TIL
MINDE OM BØNDERNES
FRIHEDSKAMP REJSTES
1935 DENNE STEN

De nordjyske bønder gik med i oprøret og kæmpede mod den jyske adel, men blev nedslagtet af Christian III's hærfører, Johan Rantzau og hans soldater.

Den 11. juni 1535 fandt slaget mellem Johan Rantzau og hans omkring 4.000 soldater mod oprørernes 5.000 soldater sted ved Øksnebjerg på Sydvestfyn. Slaget endte med en total sejr til Johan Rantzau, og borgerkrigen var reelt afgjort.

Ved Faurskov, tæt ved Gelsted, står der også en mindesten fra borgerkrigen. Teksten lyder således: "Minde om kampene i Faurskov under greve-fejden 1534-1535 Guds fred med dem her segned i krigens tunge tid. Lad korset staa som tegnet at endt er broderstrid".

Den 20. marts 1535, ved Faurskov, nedslagtede Johan Rantzau og sine soldater omkring 2.500 fynske bønder, der med dårlige våben deltog i oprøret.

Om Johan Rantzau var en nationalhelt eller en bondeslagter afhænger vist af, hvilket syn man har på borgerkrigen.

JOHAN RANTZAUS VEJ, 5610 ASSENS

Gavlhuset i Korsgade

Den gamle toetagers bindingsværksbygning i Korsgade 11 er en af Assens ældste bygninger. Det er et gavlhus fra Renæssancen opført omkring 1572. Typisk for denne periode er, at hver etage er forskudt i forhold til den underliggende etage. Dog er stueetagen her senere blevet fremskudt.

Det er ret typisk for de ældste huse i byerne, at gavlen vender ud mod gaden. Det går tilbage til dengang, hvor byerne ikke var blevet til byer endnu, det vil sige tilbage i 900-1000-tallet.

De handlende kom til handelsstederne og slog deres handelsboder op på en afmærket lang og smal grund ud mod handelsgaden. Når markedet var forbi pakkede de handlende handelsboden sammen og drog hjem igen.

Da handelsstederne begyndte at blive byer, kunne de handlende opføre et hus på den smalle og aflange grund, og det blev ofte et gavlhus med facaden ud mod gaden.

Et kendetegn for disse gamle gavlhuse er de markante facadeudsmykninger, ikke mindst omkring hoveddøren.

Mod baggaden lå der ofte en eller to mindre bygninger beregnet til udlejning. Her boede og arbejdede byens småhåndværkere eller arbejdsmænd. Disse bygninger lå oftest med langsiden til gaden, de såkaldte langhuse.

Bygningen i Korsgade 11 har huset blandt andet hattemagere, snedkere og isenkræmmere.

I nyere tid havde de lokale socialdemokrater deres hovedkvarter i stueetagen. I dag benyttes bygningen som privatbolig.

I 1800-tallet blev bygningen i Korsgade 11 ombygget og fik store vinduer isat og et nyt indgangsparti.

Det er værd at kigge op og beundre de mange fine detaljer på bygningen, især på de øvre etager.

KORSGADE 11, 5610 ASSENS

Den store tømmerlade

Bag de historiske bygninger på Østergade ligger en af Nordeuropas største træbygninger.

Det er en gulmalet tømmerlade der er opført i 1915. Den er omkring 15 meter høj, svarende til fem etager, dækker et areal på omkring 1300 kvadratmeter, omkring 24 meter bred og omkring 56 meter lang.

Der er stort set ikke udskiftet noget af træværket siden opførelsen.

Som navnet antyder, er det opført som en tømmerlade. Brædder og tømmer kunne fra vogne blive bragt ind og ud gennem de grønmalede luger på bygningens sider.

De omkringliggende bygninger var blandt andet savværk, hestestald og kornlager. Sammen med forhuset mod Østergade og tømmerladen udgjorde det en del af familiens Plums blomstrende forretning i Assens.

Brødrene Frederik og Niels Plum startede op som handelsmænd i Assens i begyndelsen af 1860'erne, og i løbet af tyve år opnåede de at blive det suverænt største handelshus i Assens.

Sidst i 1800-tallet begyndte brødrene også at handle med tømmer, og de fik opført en tømmerlade, hvor tømmeret kunne opbevares tørt.

Deres sønner overtog handelshuset efter brødrenes død. De havde også succes med det og udvidede med et silopakhus og et foderpakhus på havnen i Assens.

Desværre nedbrændte den gamle tømmerlade i slutningen af 1914, men den nuværende tømmerlade blev ret hurtig opført og stod klar i 1915.

Handelen fra Østergade fortsatte helt indtil 1980'erne, hvor firmaet forlod stedet.

Plum A/S fremstiller i dag hygiejneprodukter, herunder håndcremer, til blandt andet virksomheder. Firmaet ligger i dag i udkanten af Assens.

ØSTERGADE 38, 5610 ASSENS

Havnens gamle ildsted

Den mærkværdige, sekskantede bygning på Kogehusmolen i Assens er opført i 1824 og er et kogehus, som er et ildsted med skorsten.

Den blev fredet i 1954 og flyttet til sin nuværende placering i 1971.

Kogehuse stammer fra sejlskibenes tid, hvor det ikke var tilladt at bruge åben ild, mens skibene lå i havn. De kendes tilbage i 1700-tallet.

Derfor opførtes særlige huse, hvor skibskokkene kunne lave mad, og hvor man også kunne koge tjære til fiskenet og til tovværk.

Der var i kogehusene, som i skibene, ikke meget plads for skibskokkene til at lave mad. Især ikke hvis der samtidigt blev kogt tjære.

Der er ikke bevaret mange kogehuse i Danmark, udover denne i Assens er der kogehuse i Ærøskøbing og Dragør.

Kogehuset rummer et stort højloftet rum med direkte forbindelse til skorstenen. Gulvet er pigstensbelagt, og væggene er pudsede og kalkede. Loftet har blottede zinkoverflader indvendigt, udvendigt er taget tjæret.

Taget er smykket med en vindfløj over den skjulte skorstensåbning. En vindfløj er en drejelig viser der anbringes på et tag eller et spir for at angive vindens retning.

I den ene side af bygningen ses et lavt muret og tjæret ildsted med to kogepladser.

På den anden side af havnen ses et lille fyrtårn, som blev opført i 1854.

Det var Danmarks første fyrtårn opført af støbejern. Det består af støbte plader som kunne samles og boltes sammen.

Fyrtårnet som er omkring syv meter højt, bærer Kong Frederik VII's monogram. Han var den der startede med at få udbygget og forbedret landets fyrvæsen .

NORDRE HAVNEVEJ 14A, 5610 ASSENS

Det falske fangehul

Fra slutningen af 1100-tallet og frem til 1741 lå borgen Hagenskov på toppen af banken omkranset af voldgrave. Hagenskov hørte under den danske konge.

Den var sammen med borge i Nyborg, Svendborg og Middelfart med til at beskytte Fyn og ikke mindst sikre kongens magt i området.

Hagenskov var et firfløjet anlæg, hvor hver fløj var i to etager. I bygningen var der blandt andet kamre, borgestue, køkken, bryggers og mælkestue.

I 1741 nedbrændte borgen og blev ikke genopbygget. Det nye Hagenskov blev opført en del år senere omkring 600 meter fra banken, og en del af byggematerialerne kom fra den nedbrændte borg.

På borgbanken blev der i 1780 indrettet et romantisk lystanlæg i forbindelse med haven . I den forbindelse blev der anlagt en grotte med fangehul her.

Selvom fangehullet ikke er ægte, så har der på borgen været et vaskeægte skummelt fængsel i Middelalderen, endda med mindst én prominent fange.

I 1259 var det ikke en god ide at lægge sig ud med den danske konge. Det måtte ærkebispen Jakob Erlandsen sande, da han lagde sig ud med Kong Christoffer I.

Efter nogle alvorlige stridigheder mellem de to magtfulde mennesker blev ærkebispen Jakob Erlandsen i begyndelsen af 1259 taget til fange af kongens soldater. De iførte ham en hånedragt, bandt ham og førte ham til fængslet på borgen Hagenskov.

Paven i Rom blev ikke begejstret for at sige det mildt. Han lyste kongen i band og fik alle kirkelige handlinger indstillet i Danmark. Nogle måneder senere døde kongen i Ribe Domkirke. Onde tunger fortalte at præsterne havde forgiftet hans altervin.

Ærkebispen blev efter kongens død løsladt efter ordre fra enkedronningen.

SLOTSALLE 3, 5631 EBBERUP

Harald Plums fristed

Lige over for det lille fiskerleje Thorøhuse ligger den lille ø, Torø. Den er landfast med Fyn med en træbro og en landtange.

Øen er på omkring 0,65 kvadratkilometer. Det højeste punkt er ni meter over havet. Der er offentlig adgang til øen, der først og fremmest bruges som feriekoloni af Københavns Lærerforening.

I Middelalderen var øen et kongeligt jagtareal, og der var en god bestand af dåvildt. Øen var dengang meget mere skovdækket, og måske har den været større, end den er i dag.

Torø er nok mest kendt for Harald Plums selvmord den 24. oktober 1929.

Han var en farverig forretningsmand, der købte Torø i 1917, og han lod den gamle gård Thorøgård restaurere. Her ville han engang i mellem nyde livet væk fra det hektiske forretningsliv.

Han fik også opstillet en salutkanon ved en fiskerhytte, som så kunne fyres af, når hans gæster ankom til Torø for at feste sammen med ham.

Bygningen Vesterborg fik han også opført. Planen var at der skulle indrettes et egnsmuseum, men det blev aldrig til noget, og byggeriet blev aldrig helt færdigt.

Harald Plum kom i løbet af 1929 i store vanskeligheder, for mange af hans forretninger var rene luftkasteller og svindel. Hans bedragerier fik store konsekvenser for mange virksomheder og banker.

Han trak sig tilbage til Torø og skød sig to gange i brystet, men døde ikke.

Nogle dage senere skød han sig i hovedet, og denne gang døde han.

Der er godt afmærkede vandrestier rundt på Torø, så er der mulighed for at få sig et godt indtryk af landskabet på øen. Der er mulighed for blandt meget andet at se Vesterborg, fiskerhuset, Bispens Lysthus og den efterhånden noget rustne salutkanon.

DREJET, 5610 ASSENS

Fyret på det smukke Helnæs

Tilbage i Stenalderen var Helnæs en rigtig ø. Naturen skabte i de efterfølgende tusinder af år en omkring halvanden kilometer lang landtange, Langøre, der nu forbinder Helnæs med Fyn.

Der er ellers et gammelt sagn, der forklarer, hvordan øen Helnæs blev landfast med Fyn. En ung pige, der tjente på en gård på fastlandet, havde en kæreste på øen Helnæs. Da hun skulle over at besøge ham, fyldte hun sand i sit forklæde.

Sandet dryssede hun for at lave en sti, og på den måde opstod landtangen. Da pigen kom til Helnæs, rystede hun forklædet, og det overskydende sand blev til de nordlige bakker på Helnæs.

Lindhovedvej fører til den sydvestlige ende af Helnæs. Her blev i 1900-1901 opført et 28 meter, højt firkantet fyrtårn. Det er et almindeligt vinkelfyr, der kaster lyset i to retninger.

Fyrets signal er et sekunds blink efterfulgt af fem sekunders pause. Skibe kan se fyrets lys op til 30 kilometer væk derfra.

Under Den Kolde Krig fungerede fyret også som en udkigspost, hvor der blev holdt øje med, om der var fjendtlige fartøjer i farvandet.

I midten af 1900-tallet bestod mandskabet af en fyrmester, overfyrpasser, husstandsfyrpasser og en medhjælper. I 2003 gik den sidste fyrpasser på pension og nu er fyret fuldautomatisk.

Helnæs Fyr og bygningerne omkring er i dag i privat eje.

Turen til fyret kan afsluttes med at køre til den sydøstlige del af Helnæs langs Strandbakken. Lidt nord for Helnæs Strand ligger der en meget stor sten ude i vandet. Den kaldes for Kropstenen.

Det siges om den sten, at den en dag vil vende sig, og det skal være et tegn til at den yderste dag er nært forestående.

LINDHOVEDVEJ 33, 5610 ASSENS

Den gamle Landmålergård

Ikke alle gårde blev flyttet ud på landet i forbindelse med landboreformerne i slutningen af 1700-tallet.

Denne gård, Landmålergården, ligger på sit oprindelige sted i landsbyen, Gummerup, og er en del af et gammelt landsbymiljø med gårde, der ikke blev flyttet ud.

Gården har sit navn efter landmåler Peder Hansen, som ejede gården i første halvdel af 1800-tallet. Landmålergårdens ældste længer kan dateres til midten af 1700-tallet. Stuehuset er opført i slutningen af 1700-tallet, kvisten kom først til i midten af 1800-tallet.

Gården havde landbrug indtil 1930. Jorden lå spredt syv forskellige steder og var derfor uegnet til moderne landbrug. Det blev besluttet at omdanne gården til frilandsmuseum. Vestfyns Hjemstavnsgård åbnede for publikum i sommeren 1931.

Ved Landmålergården er der også andre bygninger, som er flyttet hertil fra andre sogne til frilandsmuseet i Gummerup.

Det smukke, røde Urmagerhus fra 1776 lå oprindeligt i Køng. Huset rummer i dag blandt andet en skolestue og håndarbejdslokale.

Der er også en gammel landsbysmedje fra Tåstrup. Den blev opført i midten af 1700-tallet. Huset er beklædt med teglsten, der er intet gulv, og huset er helt hvidkalket uden bemaling af bindingsværket.

Tørvekoven fra Haastrup blev opført i 1700-tallet og udgjorde en del af smedens bygninger i Håstrup. Tørvekoven blev brugt til opbevaring af tørv til brændsel.

Det er gratis at gå en tur rundt og se bygningerne udefra, men udstillingerne indendørs kræver entrebillet.

Vestfyns Hjemstavnsgård ejes af Vestfyns Hjemstavnsforening. Den passes og vedligeholdes af frivillige medlemmer.

KLAREGADE 23, 5620 GLAMSBJERG

Runesten med forbandelser

Det er nok ikke en god ide at ødelægge eller flytte denne runesten, for teksten på den slutter med en forbandelse mod den, der gør det.

Teksten er den længste, der kendes på en runesten i Danmark, og lyder oversat til nutidigt dansk således: "Ragnhild satte denne sten efter Alle, sølvernes høvding, folkets præst, en hæderværdig thegn. Alles sønner gjorde disse mindesmærker efter deres fader og hans kone efter sin mand, og Sote ristede disse runer efter sin herre. Tor vi disse runer. – *Gid den må regnes for at være en troldmand, som ødelægger denne sten eller slæber den bort til minde over en anden*".

Så vidt vides, er ingen blev ramt af forbandelsen, runestenen er nu heller ikke blevet blev ødelagt eller flyttet nævneværdigt, siden den blev rejst.

Glavendrupstenen er omkring 2,8 meter høj, heraf omkring 1,9 meter over jordoverfladen, og den vejer omkring syv tons.

I slutningen af 1700-tallet blev runestenen genopdaget i forbindelse med bøndernes gravning efter sand. Den fik dog lov til at blive liggende. En arkæolog fik nogle år senere forhindret at runestenen blev solgt til en stenhugger for at blive hugget ud til bygningssten.

Først i 1906 blev runestenen for alvor gravet frem og rejst, hvor den står den dag i dag. Runestenen indgår i en 60 meter lang og 12 meter bred skibssætning af randsten. Udover runestenen og skibssætningen, er der også en del andre mindesten fra 1900-tallet i anlægget.

Runestenen, som er fra slutningen af 800-tallet eller begyndelsen af 900-tallet, står på en lille bronzealderhøj. Det tyder på, at stedet her allerede var helligt i bronzealderen og havde en kultisk betydning.

Den er, som det fremgår af runestenen, rejst over stormanden Alle. Der er ikke fundet nogle grave her, så det er muligt, at han er død under et togt eller en handelsrejse til udlandet og blev begravet der.

STENAGER 12, 5485 SKAMBY

Bogenses tissende dreng

Den 20. marts 1934 afslørede baronesse Ellen Rosenkrantz på vegne af sin fader den lille figur af Manneken Pis. Den er en kopi af den berømte figur i Bruxelles.

Faderen, Willum Fønss, havde betalt for den. Han ville dermed vise Bogense, at han var taknemmelig for den kærlighed, byen havde vist ham.

Historien går på, at han som spæd blev fundet indsvøbt i et tæppe på et skib fra København til Bogense, og da ingen ville vedkende sig barnet, blev det opfostret af en slagter i byen.

Det er en god historie, men den er ikke sand. Willum Fønss blev født i 1869 som uægte barn af Caroline Amalie Levinsohn og Wilhelm Christensen Fønss i København. Skandalen var stor, så moderen fik en enkeltbillet til Amerika.

Barnet, Willum, blev sendt til Bogense til moderens forældre.

Willum var glad for at bo i byen og havde en god og tryg opvækst her, selvom alle vidste at han var et uægte barn af slagter Levinsohns datter.

Han blev uddannet som isenkræmmer og fik sin egen virksomhed i Ringsted, som han drev med stor succes. Senere flyttede han til Aarhus og fik også der stor succes i forretningslivet. Willum Fønss blev udnævnt som græsk vicekonsul i Danmark. Ikke mange år efter solgte han sin forretning og flyttede med familien til Klampenborg. Her levede de af hans formue.

Efter en tur til Bruxelles var han blevet meget begejstret for den berømte Manneken Pis. Derfor ville han bekoste en kopi af den i Bogense. Det skal nævnes at han også gav store bidrag til velgørende formål i byen blandt byens fattige og gamle.

I starten var nogle af borgerne ikke glade for den nøgne og tissende dreng, det var nærmest upassende og stødende. Men nu om stunder er de fleste af byens borgere meget glade for Manneken Pis.

KIRKESTRÆDE 10, 5400 BOGENSE

Den lille herregård i bindingsværk

Jerstrup er en smuk og charmerende lille herregård opført i bindingsværk med voldgrave og en gammel granitbro over voldgraven. Omkring voldanlægget er der en gammel have.

Første gang herregården eller hovedgården Jerstrup nævnes, er tilbage i starten af 1300-tallet under navnet Jærpælstorp.

De nuværende bygninger på det gamle voldsted fra den ældre middelalder er opført i 1700-tallet. De gamle bygninger blev enten revet ned eller indgik i opførelsen af de dengang nye bygninger.

Den trefløjede hovedbygning, som er i en etage, åbner sig ud mod herregårdens tidligere avlsbygninger på den modsatte side af granitbroen. På hovedbygningens østlige fløj er der tilføjet en udløberfløj.

Jerstrup har gennem tiden haft en del forskellige ejere.

I slutningen af 1600-tallet kaldtes Jerstrup for Lenelyst efter den daværende ejer Helmuth Otto von Winterfeldts hustru Helene Juliane Ulfsparre.

En herregård er ikke en rigtig herregård, uden at der knytter sig en grum fortælling til den. Jerstrup er ingen undtagelse, for i 1635 skete der noget slemt på herregården.

Der gik rygter om at Jerstrups ejer, Mourits Ascherleben, havde fået et barn med sin svigerinde Sibylle Gøye. Rygtet fortalte også, at hun havde slået det nyfødte barn ihjel ved at smide det i Jerstrups voldgrav.

Det endte med, at kongen fik sagen undersøgt. Sibylle Gøye tilstod at have dræbt barnet og gemt det i et skrin. Hun nægtede derimod at sige, hvem der var fader til barnet. Sibylle Gøye blev dødsdømt og henrettet den 4. december 1635 i Odense.

I dag lejes Jerstrup ud til bryllupper, fester og kurser. Avlsgården er for længst solgt fra herregården.

JERSTRUPVEJ 44, 5400 BOGENSE

Det smukke kapel ved Langesø

Inden 1870 var det ret besværligt for indbyggerne i de små bebyggelser Tågerud, Himmelstrup og Elverod at komme til gudstjenester og andre kirkelige handlinger.

Den nærmeste kirke var den nordlige Vigerslev Kirke. Det betød en lang og besværlig tur på omkring fem til ti kilometer gennem et uvejsomt terræn.

For at gøre det nemmere for lokalbefolkningen fik Langesø Gods i 1870 opført et skovkapel ved Langesø, for så kunne nogle af sognets kirkelige handlinger foregå her.

Skovkapellet blev opført i røde mursten med granitsokkel, skifertag og et spir i kobber. I 1878 blev der ved siden af skovkapellet opført en rejselade med plads til kirkegængernes heste og vogne.

Efter en ombygning fungerer laden nu som et menighedshus.

Baron Adam Christopher Holsten-Carisius, der bekostede opførelsen af skovkapellet, fik sit sidste hvilested her i en krypt under kapellets kor.

Resterne af hans for længst afdøde hustru og deres førstefødte, der døde som spæd mange år forinden, blev flyttet hertil, da baronen skulle gravsættes i 1879.

Almindelige mennesker kunne blive begravet på Langesø Kirkegård, der ligger ved Søndersøvej. Kirkegården er stadig i brug.

I 1997 blev Langesø Skovkapel overdraget fra Langesøfonden Skovkapellet til Vigerslev Menighedsråd, og dermed blev den en af Vigerslev Sogns to kirker.

Skovkapellet er en af Fyns mest populære bryllupskirker. Der var så travlt, at Vigerslev Sogn på et tidspunkt indførte betaling, hvis man ønskede at blive gift i skovkapellet og ikke kom fra sognet.

Vigerslev Sogns beboere kunne dog heldigvis stadig blive viet i det smukke skovkapel helt gratis.

DYREHAVELUND 3, 5462 MORUD

Den smilende Jesus

Under en oprydning på Lumby Kirkes loft i 1940 gjorde man et overraskende fund. Der blev fundet et meget gammelt krucifiks, som var blevet lagt på loftet omkring 1860 og siden glemt.

Det var ikke i en særlig god stand, men heldigvis kunne det restaureres, og blev det et par år efter, det blev fundet på loftet.

Krucifikset forestiller Jesus hængende på korset, og det blev først anslået til at være fra omkring år 1300. Efter en undersøgelse mange år senere blev det anslået til at være fra midten af 1200-tallet.

Ordet krucifiks betyder "den korsfæstede", men først engang i 800-tallet bliver Jesus første gang afbildet hængende på korset.

Ved første øjekast virker krucifikset ikke af noget særligt. Der er ingen farver eller guld på det, men læg mærke til alle de fine detaljer i udskæringen.

Jesus smiler på krucifikset i Lumby Kirke. Det viser ikke lidelsen ved at blive korsfæstet, men derimod den dybe og trygge ro, som ligger i ordene "Det er fuldbragt", som var hans sidste ord, inden han opgav ånden.

Nationalmuseet ville meget gerne have haft krucifikset, men menighedsrådet valgte at beholde det i Lumby Kirke.

Det hænger i kirken, til venstre for korbuen, og minder kirkegængere om Jesu lidelser for menneskehedens skyld.

Lumby Kirke er opført i starten 1200-tallet, tårnet og skibet blev først opført i sidst i Middelalderen, og der blev revet en del ned af den oprindelige kirke ved den lejlighed.

Udover krucifikset i kirken er der også nogle flotte kalkmalerier, som stammer fra sidst i 1400-tallet og viser seks scener af Lidelseshistorien samt en helgenlegende.

H.C. LUMBYES VEJ 32, 5270 ODENSE N

Skolernes botaniske have

Lidt syd for Vollsmose i Odense ligger Kulturbotanisk Have, som er lidt glemt af de fleste. Kulturbotanisk Have ligger ved siden af Kolonihaveforeningen Søndergårds Haver.

I årene efter besættelsen startede læreren Arne Emdal haven, og den tilhørte Odense Skolevæsen. Oprindeligt hed haven Skolebotanisk Have. Haven blev brugt til undervisning i botanik og til udlevering af planter til eleverne.

Senere fik Odense Kommunes parkafdeling overdraget haven.

Kulturbotanisk Have har sit helt eget særpræg. Haven fungerer både som almindeligt grønt område, inspirationshave for haveelskere og som undervisningssted for børnehave- og skolebørn.

Med sine omkring 9.000 forskellige plantearter er det Danmarks største levende plantesamling.

Haven indeholder mange spændende træer og buske. Af danske arter findes blandt andet taks og avnbøg. Af udenlandske arter kan nævnes kinesisk vandgran, ungarsk lind og forskellige arter af kastanjetræer.

Besøgende kan især nyde synet af de mange stauder samt Danmarks største bregnesamling med arter fra hele verden. De mange tætblomstrende og velduftende roser er en fryd at se på og ikke mindst at dufte til.

I Kulturbotanisk Have er der et rigt dyreliv, og på grund af de mange blomster er det muligt at se et stort antal sommerfugle. Der er også en del fugle, der holder til i haven.

 Planterne i Kulturbotanisk Have er forsynet med skilte med navn, sort og hjemsted.

Haven har borde og bænke, en bro over åen, shelters, en pavillon, et lysthus og en bålplads. Der er også et toilet til rådighed for besøgende.

EJBYGADE 75, 5220 ODENSE SØ

H.C. Andersen digtede i fattigskolen

En mindeplade på den smukke bygning i Paaskestræde bærer teksten: "H.C. Andersen. "Her løb jeg om med træskoe paa og gik i fattigskole" - Her var indtil Aar 1847 byens fattiggaard og fattigskole".

Den verdensberømte H.C. Andersen gik i skole her fra 1813 til 1819. Selve fattigskolen lå på første sal. Ellers fungerede stedet som en almindelige fattiggård.

Bygningen er opført i 1570 i typisk renæssancestil med stokværksfremspring og rosetudskæringer. Den var en del af et firefløjet bygningskompleks, der bestod af to sammenlagte købmandsgårde. Paaskestræde ligger i et af Odenses ældste og smukkeste kvarterer.

I 1812 blev det besluttet, at alle ubemidlede børn skulle gå på fattigskolen i Paaskestræde. Så H. C. Andersen måtte også modtage undervisning her, for han kom fra en fattig familie.

På vejen til skolen passerede H.C Andersen sin fars grav ved Domkirken samt Latinskolen, hvor han drømte om at blive elev. H.C Andersen brugte det meste af sin tid i skolen på at digte nye historier ud fra de bibelske vægmalerier, der hang i fattigskolens undervisningslokale.

H.C. Andersen skrev om sin skolegang: "Jeg gik nu hjemme, skød op og bleven lang dreng, som min moder sagde, hun ikke godt længere kunne lade gå således og drive om; jeg gik i fattigskolen inde på " Fattiggården ", lærte kun religion, skrivning og regning, og dette sidste dårligt nok; næppe et ord forstod jeg at bogstavere rigtigt; hjemme læste jeg aldrig på mine lektier, de blev så temmeligt lært på vejen fra hjemmet til skolen".

Om H.C. Andersen var ordblind eller ej diskuteres stadig, han havde hele livet svært ved at stave og sætte ord rigtigt sammen. Hans problemer med det kan også skyldes den mangelfulde undervisning, han modtog på fattigskolen i Paaskestræde.

PAASKESTRÆDE 3, 5000 ODENSE C

Knud den Helliges kirke

Kong Knud var konge af Danmark fra 1080 frem til sin død i 1086. Han var ikke en populær konge blandt befolkningen, blandt kirkens folk var han dog værdsat.

Under et bondeoprør i 1086 blev han jagtet fra Nordjylland til Odense, hvor han sammen med sin bror Benedikt og 17 hirdmænd søgte tilflugt i den nu forsvundne trækirke Sankt Albani Kirke.

Det hjalp ham ikke, for oprørerne trængte ind i kirken og dræbte dem alle.

I år 1100 blev han af paven i Rom kåret som helgen under navnet Knud den Hellige, og den 19. april 1100 kunne kongens knogler gravsættes i Skt. Knuds Kirke, hvor de stadig findes.

Kirkens opførelse påbegyndtes sidst i 1000-tallet, hvornår den stod færdig, ved man ikke, men det har nok været omkring år 1100.

Kirken brændte ned i 1247. Sidst i 1200-tallet igangsatte biskoppen for alvor en genopførelse af kirken og gjorde bygningen større og flottere.

Senere blev kirken udvidet og ombygget flere gange, og først omkring år 1500 var ombygningen af den middelalderlige kirke færdig. Tårnet kom dog først til engang i 1580'erne.

I krypten ligger blandt andet Kong Hans, den tidligere konge Christian II og nogle andre kongelige personer.

De jordiske rester af Sankt Knud den Hellige og hans broder Benedikt ligger i to helgenskrin. Det er værd at lægge mærke til puden, kongens kranie ligger på. Det er en gul silkepude med fuglemønster. Stoffet er vævet engang i 800-900-tallet.

Ved siden af Sankt Knud den Helliges helgenskrin ses ørnetæppet. Det gamle silkestykke stammer fra 1000-tallet og har indvævede ørne med udbredte vinger. Det er muligvis skænket af hans enke Edel.

KLINGENBERG 19, 5000 ODENSE C

Bofællesskab for ugifte adelsfrøkener

I 1700-tallet var det af forskellige årsager ikke altid muligt at få bortgiftet adlens døtre. At være ugifte begrænsede deres muligheder for et ordentligt liv, og en del af dem blev sendt eller tog frivilligt ophold i klostre.

Det var ikke, fordi de nu skulle være nonner, men for at give dem nogenlunde ordentligt liv, selvom de var ugifte.

Bygningen, der kaldes for Odense Adelige Jomfrukloster, var oprindeligt en bispegård fra begyndelsen af 1500-tallet. Det var et trefløjet anlæg i to etager med tykke ydervægge og skydeskår ud mod omgivelserne.

Under Grevens Fejde fra 1534 til 1536 blev bispegården delvist ødelagt. I årene efter skiftede den ejere, og noget blev revet ned og andet bygget om.

Bygningen kom i Braheslægtens eje i 1630, og det endte med, at Karen Brahe blev eneejer af den i 1700.

Braheslægten bevarede heldigvis hovedbygningen, omend der blev bygget lidt til og lidt om. Blandt andet kom der en ekstra etage på, og bygningen blev forlænget.

I 1716 stiftede Karen Brahe Odense Adelige Jomfrukloster som en dannelsesinstitution for ugifte kvinder af dansk adel.

Hovedbygningens øverste etage var bolig for otte adelige frøkener og en priorinde. Der blev sat flere vinduer i, så rummene fik mere lys, og to indvendige trapper erstattede de hidtidige ydre trappetårne. Salen i midten af bygningen fungerede som samlingssted for frøkenerne, og mod nordøst lå spisestuen. Der var også et fint bibliotek for frøkenerne.

De sidste beboere fraflyttede så sent som i 1970, og i 1972 overtog Odense Kommune bygningen. Bygningen havde i de følgende år forskellige funktioner, men i 2008 overtog Realdania Byg A/S og fik den restaureret. I dag udlejes bygningen.

ALBANI TORV 6, 5000 ODENSE C

49

Jomfruen tog springet

En historie bliver bedre og bedre med årene, og det er denne sten et godt eksempel på.

Under en af svenskekrigene i midten af 1600-tallet besatte svenske soldater det meste af Danmark, og Odense var ingen undtagelse.

Det var normalt dengang, at soldater i fjendtlige områder plyndrede, hærgede og voldtog som de lystede. De svenske soldater holdt sig bestemt ikke tilbage i Odense.

En flok svenske soldater havde fået øje på en smuk, ærbar pige og begyndte at forfølge hende. Det lykkedes hende at flygte ind i Sankt Knuds Kirke.

Hun flygtede videre op i kirketårnet med de svenske soldater i hælene. Da hun kom op i toppen af tårnet, valgte hun at springe ud af en af lugerne for at undgå at falde i de svenske soldaters hænder.

Foran Sankt Knuds Kloster ramte hun jorden med fødderne først og blev dræbt på stedet. Kraften, hun ramte jorden med, var voldsom, så voldsom at der kom et aftryk af hendes fødder i stenen hun ramte.

Den sten findes endnu ved bankens indgang, og kaldes for Jomfrustenen.

Senere hen er historien blev udvidet med flere fantasifulde detaljer. Hullet i stenen skulle komme fra den ærbares piges paraply, og hendes sidste ord skulle have været "Gud være min sjæl nådig".

Historien om en ærbar pige, der springer ud fra et kirketårn for at beskytte sin ære mod svenske soldater, kendes også fra Norge, som også led under Svenskekrigene.

De svenske soldaters hærgen og plyndren i Danmark og Norge under Svenskekrigene blev erindret af befolkningen i mange år derefter, blandt andet i historien om den ærbare pige der sprang fra kirkens tårn.

FLAKHAVEN, 5000 ODENSE C

Brandvæsenet brændte søjlerne

Brandvæsenet var i foråret 2006 tilkaldt til en ret usædvanlig opgave.

Normalt slukker brandfolkene ildebrande, men her på marken ved Landkildegård skulle der på denne dag startes ildebrande.

De store træsøjler indgik i en ny landskabsskulptur der skulle hedde "Brændte Søjler". Men problemet var, at træsøjlerne endnu ikke var brændte.

Ved solnedgang satte brandfolkene ild til træsøjlerne, og lod det brænde i omkring fem minutter.

Derefter blev ilden slukket, for det var ikke meningen, at ilden skulle få for godt fat i træet og brænde det væk.

Inde bag den brændte overflade er stadig det levende træ, som med tiden vil nedbrydes og rådne.

I årene fremover vil de brændte søjler skifte udseende for til sidst at ende nede på jorden som en bunke smulder.

Kunstneren bag landskabsskulpturen var Børge Christian Meibom. Han var meget fascineret af at skabe kunst med ild og træ.

Træstammerne til søjlerne kom fra Odense Kommunes egne skove, og de var fra træer, der alligevel skulle fjernes inden længe.

I Vikingetiden anvendtes metoden med brænding til at hærde træet med. Så holdt de længere som bygningsstolper i husene.

Udover de nuværende brændte søjler havde kunstneren en ide om at der i anden etape skulle tilføjes flere brændte søjler og tre store granitsten i farverne rød, grøn og blå.

Fremtiden vil vise, om den anden etape bliver gennemført.

LANDKILDEVEJ 60, 5220 ODENSE SØ

Kilden skal holdes vedlige

Helligkilden var tidligere meget velbesøgt. I dag er kilden med overbygningen desværre gemt lidt væk bag et hegn. Vandet fra kilden bliver opfanget af et muret bassin.

I gamle dage troede man, at kilden var mest kraftfuld sankthansaften, så denne dag valfartede mange hertil. Mange badede i kilden for at blive helbredt for sygdom og andre skavanker.

Hole Kilde trak ikke kun syge og dårlige til, for efterhånden kom der også handlende til for at sælge deres varer. Omkring Sankt Hans Aften var det ikke kun muligt at blive helbredt ved kilden, men der kunne også købes fødevarer og køkkengrej i de handlendes boder og telte.

Markedet ved kilden forsatte helt op til engang i 1800-tallet, og det var muligt at overnatte på den nærtliggende Krukkekro. Kildens kraft aftog desværre efterhånden, og der kom ikke længere mange folk til.

I følge et gammelt sagn er det vigtigt at vedligeholde kilden, for ellers vil gården i nærheden, Fraugdegård, blive ramt af sygdom.

Hole Kildes overbygning blæste omkuld under en kraftig storm i 1930. Ikke længe efter blev gårdens beboere ramt af alvorlig sygdom. Forskellige læger blev opsøgt, men ingen kunne hjælpe dem.

Ingen på Fraugdegård tænkte på, at det kunne have en sammenhæng med, at kildens overbygning var blevet ødelagt under storm. Til alt held huskede en kvinde på egnen det gamle sagn om kildens vedligeholdelse og fortalte gårdens beboere om den.

I al hast blev kilden og overbygningen sat i stand, og sygdommen forsvandt fra Fraugdegård lige så hurtigt, som den var kommet.

Siden da er kilden og overbygningen blevet holdt godt i stand. Det kan være derfor, at kilden nu er hegnet godt ind.

ØRBÆKVEJ V/FRAUGDEGÅRDS ALLE, 5220 ODENSE SØ

Et mirakel skete her

Omkring 300 meter nordvest for den smukke herregård Skovsbo er der ved vejen opstillet noget så usædvanligt som et krucifiks.

Det er dog en kopi, der er opsat her, for på grund af hærværk blev det originale krucifiks flyttet indendørs på herregården og er ikke offentligt tilgængelig.

På herregården boede Erik Hardenberg, som var en af Danmarks rigeste mænd, med sin hustru Anne Rønnow.

Parret fik ni børn. De seks af dem døde som små, og to andre blev sindssyge. Tilbage var en datter, Mette Hardenberg, som overtog herregården efter forældrene.

Parret blev på grund af al deres modgang stærkt religiøse og præget af tungsind.

Det siges, at Anna Rønnow, som var fyldt med tungsind, en dag efter at hendes mand var død, gik på marken bag krucifikset. Pludselig åbnede himlen sig for hende, og Guds engle kom ned til hende og helbredte hende for tungsind.

Som et tegn på hendes taknemmelighed fik hun krucifikset udskåret og opsat her ved marken, hvor miraklet skete.

Krucifikset bør aldrig fjernes, sker dette, betyder det sygdom og ulykke for beboerne og husdyrene på herregården. En senere ejer af herregården siges at have fjernet krucifikset engang i 1800-tallet. Han fik travlt med at sætte det op igen, da sygdom og ulykke begyndte at ramme.

Sædvanligvis står der "INRI" på det fleste kors hvor Jesus er afbildet hængende. Det står for det latinske "Iesus Nazarenus Rex Iudaeorum".

På krucifikset ved Skovsbo står der "INIK". Det står for "Jesus fra Nazaret, jødernes konge". Altså blot en fordanskning af det latinske "INRI".

SKOVSBOVEJ 155, 5540 ULLERSLEV

Den troløse Amanda

Mange fra den ældre generation kender sangen "Min Amanda var fra Kerteminde", som oprindeligt var en populær revyvise fra slutningen af 1800-tallet.

Pigen som visen handler om, hed i virkeligheden ikke Amanda, hun hed Sophie og kom rigtigt nok fra Kerteminde, hvor hun blev født i 1871. Hun var datter af urmager Edvard Krag og Marie Catrine Ovesen Wittrock. Foruden Sophie havde parret syv andre børn.

Sophie rejste som 20-årig til København for at blive skuespillerinde. Nørrebros Teater optog hende som revyskuespiller, og hun blev hurtigt en del af det københavnske skuespillermiljø.

Hun blev forlovet med den 10 år ældre forfatter Anton Melbye. En dag møder hun en gammel bekendt fra Kerteminde, Wilhelm Nielsen. Det endte med, at de to gamle bekendte begyndte at have et forhold.

Forlovelsen blev på grund af hendes troløshed brudt, og bruddet vakte opsigt blandt skuespillerne og det bedre borgerskab i København.

Den forsmåede forfatter Anton Melbyes gode ven komponisten Axel Schwanenflügel skrev, som en slags hævn på vennens vegne en vise om Sophie. Dog var han diskret nok til at ændre navnet til Amanda.

Visen blev sunget første gang i Vinterrevyen på Nørrebros Teater i 1893 og blev i løbet af kort tid meget populær over hele landet.

I 1954 udførte kunstneren Robert Lund Jensen statuen Amanda som i kunstnerens hænder nu var blevet til en frodig fiskerpige, som symboliserede byens smukke og dejlige piger. På latinsk betyder Amanda "den, der bør elskes".

Sophie Krag fik ikke et langt liv. Hun døde af sygdom som 40-årig i 1911. Hun blev aldrig gift og fik ingen børn. Men hun lever videre i den udødelige vise om den troløse Amanda fra Kerteminde.

ODENSEVEJ 2, 5300 KERTEMINDE

Danmarks sidste skænkestue

En skænkestue er ikke helt det samme som et værtshus.

Når bønderne i gamle dage var færdige med at sælge deres afgrøder inde i byerne og havde handlet i købmandsgårdene, blev de ofte tørstige.

Derfor var ofte en skænkestue tilknyttet byernes købmandsgårde, så bønderne kunne få sig en dram og en pibe tobak.

Danmarks sidste skænkestue er her i Kerteminde og er fra 1829. Dengang var den tilknyttet Muusgården, som var en købmandsgård.

I skænkestuen hænger der et portræt af Elias Muus, som var manden bag købmandsgården og ikke mindst skænkestuen.

Bordene er hvidskurede, og det ældste bord er fra 1840'erne. Stolene er gamle spisebordsstole fra de gamle gårde på egnen.

På væggene hænger der gamle billeder fra 1800- og 1900-tallet.

Skænkestuen har kun åbent i dagtimerne, og her er mange stamgæster, som er vant til at sidde ved bestemte borde.

For at undgå, at besøgende turister ikke kommer galt afsted ved at sætte sig ved stamgæsternes borde, er der til venstre for indgangen et langt bord, som turisterne er velkomne til at sætte sig ved. Det bliver kaldt for turistbordet.

De forskellige ejere af skænkestuen gennem de sidste mange år havde den holdning, at intet skal laves om i Skænkestuen. Den nuværende ejer fører stedet videre helt i denne ånd.

Her skal møblerne ikke skiftes ud, billederne skal være de samme som altid og noget så nymodens som musik, skal der heller ikke være.

I skænkestuen er der som altid mulighed for at få slukket tørsten, til ganske fornuftige priser endda.

PRÆSTEGADE 5, 5300 KERTEMINDE

En detaljerig købmandsgård

Den gamle købmandsgård i Kerteminde består af flere forskellige bygninger, hvoraf de fleste er i gult og rødt bindingsværk. Bebyggelserne vender mod tre gader, Langegade, Sønderstræde og Vestergade.

Gavlhuset, som vender ud mod Langegade, er fra omkring 1590 og kaldes for Proviantgården. Den er den ældste del af købmandsgården.

Sydsiden af bygningen var sandsynligvis facaden ved opførelsen, da strædet her førte ned til havnen.

Ved siden af gavlhuset er der opført et lille forhus i 1828.

Forhuset, der vender ud mod Sønderstræde, er fra begyndelsen af 1600-tallet og kaldes for Svenskemagasinet. Den er den næstældste del af bygningen.

Sidehuset hertil er opført sidst i 1800-tallet.

Selve hovedbygningen, hjørnehuset med sidefløj mod Langegade og Vestergade, er opført i midten af 1800-tallet, men blev forhøjet sidst i 1800-tallet.

Der er et sidehus til hovedbygningen, som også er opført midt i 1800-tallet og kaldes for Samlingsstuen.

Den smukke og gamle gårdsplads har stadig brostenene fra 1600-tallet.

Efter Svenskekrigene i midten af 1600-tallet lå meget af Kerteminde i ruiner, men i løbet af få år begyndte den igen at blomstre, og handlen vendte tilbage. Kerteminde Havn gjorde det attraktivt for handelsfolk i Odense at drive handel herfra.

Navnet Andresens Købmandsgård kommer af, at en storkøbmand ved navn Emil Andresen etablerede sig her i 1884. Navnet har hængt ved lige siden, for der var købmandshandel her i over 100 år. I dag huser bygningerne blandt Bed and Breakfast og andre virksomheder.

ANDRESENS KØBMANDSGÅRD 4, 5300 KERTEMINDE

Kig efter de blå postkasser

Hverringe Gods er en af de største godser på Fyn. Godsets marker og skove strækker sig ud over et omkring 22 kilometer langt bælte op langs Storebælt, fra Kerteminde til Martofte.

Godsets historie går tilbage til 1300-tallet. Dengang var der her en tårnborg på en kegleformet høj. Det eneste, der er tilbage, er højen som ligger lige foran godsets avlsbygninger. Langt senere blev der i højen opført en kælder, hvor isblokke kunne opbevares køligt. Isblokkene blev hentet om vinteren og skulle bruges om sommeren i godsets mejeri.

I midten af 1500-tallet opførtes et slot i renæssancestil omkring 400 meter fra den gamle tårnborg. Den har givetvis lignet Egeskov Slot.

I slutningen af 1700-tallet blev det gamle slot revet ned. Derefter opførtes en hvid, trelænget herregård på samme sted. Det er den bygning, der kan ses i dag.

Hverringe Gods er ejet af den adelige familie Iuel og har været i slægtens eje siden 1737. Der er ikke adgang til hovedbygningen, men den ses fra vejen.

Godsets indtjening kommer hovedsageligt fra landbrug og skovbrug. Men der kommer også en indtjening fra de øvrige omkring 60 bygninger i området, som godset ejer og lejer ud. Det er ikke svært at se, om en ejendom tilhører Hverringe Gods, for ved hver ejendom er der en smuk, gammel, blå postkasse.

En af godsets tidligere ejere Hans Rudolph Juel, var en af de få danske officerer, der kom i direkte kamp under krigen mod englænderne i starten af 1800-tallet.

Øen Romsø, som også dengang tilhørte Hverringe Gods, fungerede nærmest som et spisekammer for de engelske skibes besætninger, og de tog, hvad de ville.

Men en dejlig dag i maj 1809 lagde Hans Rudolph Juel og hans soldater sig i baghold på Romsø og angreb englænderne, da de ankom til øen. Der blev dræbt omkring 20 engelske soldater og omkring 90 engelske soldater blev fanget.

HVERRINGEVEJ 206, 5300 KERTEMINDE

31 VIBY PÅ HINDSHOLM

Den smukkeste landsby

Viby på Hindsholm er en af landets smukkeste landsbyer, den er også en af Danmarks bedst bevarede landsbyer fra før landboreformerne sidst i 1700-tallet.

Landboreformerne fik meget stor betydning for de fleste landsbyer dengang, for landsbyfællesskaberne blev ophævet, og mange gårde blev flyttet ud i nærheden af markerne.

Landsbyfælleskaberne var et delvist selvstyrende fællesskab i landsbyerne. Man klarede selv lokale tvister på bytinget og bestemte, hvordan markerne skulle dyrkes.

Vibys gårde blev ikke flyttet ud, og de står næsten som dengang.

Den ældste bygning i landsbyen er kirken, som har sit tårn vendt mod øst. Normalt vender et kirketårn mod vest.

Et godt udgangspunkt for en tur gennem Viby er ved kirken. Viby Bygade og Målebakkevej er de veje med flest smukke bygninger.

Det er værd at lægge mærke til, hvordan de gamle firlængede gårde fra 17-1800-tallet ligger tæt på kirken, det var meget normalt, før landboreformerne kom.

I gamle dage blev gårdene hegnet ind af stengærder, og det ses også mange steder i Viby. Det var ikke for at sikre sig mod nysgerrige blikke, men landsbyens kvæg blev samlet i gaderne og drevet ud på de fælles græsgange. Stengærdene var for at undgå, at kvæget gik ind i haverne.

Længere væk fra kirken ses mindre gårde og husmandssteder, som også er meget velbevarede.

Navnet Viby kommer af ordet "Vi", som i Vikingetiden betød et helligt sted eller kultsted. Den mest kendte by af "Vi" på Fyn er Odinsvi, senere hen Odense.

VIBY BYGADE 18, 5370 MESINGE

Fællesgrav fra bondestenalderen

Mårhøj Jættestue er den største og siges at være den flotteste jættestue på Fyn. Den er fra Bondestenalderen, fra Jættestuetiden for omkring 5.000 år siden.

Selve jættestuens kammer er omkring 10 meter lang og to meter bred. Gangen ind til kammeret er omkring syv meter lang.

Før i tiden troede folk, at det var kæmper, kaldet jætter, der havde bygget disse store bygningsværker som deres boliger.

Det har ikke været almindelige mennesker, der blev lagt til hvile her for 5.000 år siden, det har været betydningsfulde mennesker, der fik denne ære.

Først blev de begravet et andet sted. Efter nogen tid blev deres skeletter gravet op og lagt til hvile i jættestuen, sikkert under forskellige rituelle ceremonier.

Et sagn fortæller om bjergmanden Moses, der boede i højen. Ved festlige lejligheder stod Mårhøj på gloende pæle, og så gjorde man klogt i at holdes sig væk, hvis man ikke ville fortrylles af bjergfolkenes sang og farlige magiske drikke. Mårhøj blev i folkemunde kaldt for Peder Moses Høj eller bare for Moseshøj.

På trods af, at bjergmanden Moses ifølge sagnet boede i højen, gravede sønnen til ejeren af marken lidt i højen i 1868 og fandt gangen og kammeret. Han fandt også lidt skeletrester og lidt andet fra dengang. Grunden til, at der ikke blev fundet mere, var, at jættestuen sandsynligvis allerede var blevet plyndret for nogle tusinde år siden.

Ejeren af marken lod Mårhøj frede helt frivilligt i 1888 og modtog som anerkendelse af det et sølvbæger og et diplom fra det lokale museum. Dengang var der ikke så mange love der kunne anvendes til at frede fortidsminder, hvad enten ejerne ville det eller ej.

En egentlig fredningslov, som vi kender den i dag, kom først i 1937.

SNAVEVEJ 70, 5390 MARTOFTE

Fyns svar på Skagen

På toppen af halvøen Hindsholm ligger Fyns nordligste punkt, det smukke Fyns Hoved, med Storebælt mod øst og Kattegat mod vest.

Fyns Hoved bliver lidt spøgefuldt sammenlignet med Skagen, for her støder to farvande også sammen.

Derudover ligger Fyns Hoved i Danmarks tørreste område, i det tørre Storebæltsklima, så det regner 25 procent mindre her end i resten af Danmark. Der findes en del sjældne planter og dyr i området omkring Fyns Hoved. Mange trækfugle bruger området som rasteplads undervejs på deres tur.

Fortidens mennesker var også glade for området, viser nogle arkæologiske fund. Allerede for 10.000 år siden slog mennesker sig ned her og levede af fugle, fisk, muslinger og sæler. Dengang lå kystlinjen længere ude, så bopladserne ligger nu ude i vandet.

Vikingerne boede ikke herude permanent, men brugte området som en naturhavn for deres skibe og ikke mindst som handelsplads.

Yderst på Fyns Hoved ses en lille sænkning kaldet Røverdalen. Ifølge et gammelt sagn var det her, at Marsk Stig og hans mænd gemte sig efter at havde været dømt fredløse for mordet på Kong Erik Klipping i Finnerup lade i 1286.

I området kan der også nogle steder ses nogle gamle stengærder. De stammer tilbage fra 1810, hvor lokale bønder delte området mellem sig. De sørgede for, at alle fik både gode og dårlige strimler jord.

Under besættelsen, 1940-1945, opførte tyskerne et radaranlæg og luftsværnskanoner på Fyns Hoved, som kunne skyde 22 kilometer ud i Kattegat og beskyde Storebælt samt gabet mellem Fyns Hoved og Enebærodde ved indsejlingen til Odense.

I dag er området ganske fredeligt, og mange vandrer en tur i den smukke natur.

FYNSHOVEDVEJ, 5390 MARTOFTE

Synagogen fik ikke jøderne til at blive

Abraham Lucas var ikke den første jøde i byen, men han og nogle af sine søskende var de første til at danne en jødisk menighed i Faaborg. Flere jøder kom de næste år til Faaborg, og en del jøder fra nærliggende byer blev også medlem af menigheden.

Den jødiske menighed afholdte i starten deres religiøse ceremonier i et privat jødisk hjem lige uden for Vesterport. Kongen gav i 1804 tilladelse til, at der i Faaborg måtte indrettes en synagoge i byen.

Dengang var der en almindelig bygård her på stedet, som menigheden i starten lejede, og senere købte af ejeren.

I midten af 1800-tallet var der mange medlemmer af menigheden, og pladsen begyndte at blive for trang.

Desuden var de gamle bygninger ved at være faldefærdige.

Der blev samlet penge ind blandt jøder og andre borgere til at opføre en ny og rigtig synagoge i 1859.

Allerede den 7. september 1860 kunne overrabbineren for det jødiske trossamfund indvie den nye og smukke synagoge i Klostergade.

Den gamle forfaldne bygning var revet ned, og synagogen opført, hvor gårdspladsen tidligere var. Nabobygningen, Klostergade 10, fik lov til at blive stående, og den står der den dag i dag. Den blev anvendt som bolig for menighedens rabbiner.

Allerede 10 år efter synagogens opførelse begyndte antallet af jøder i Faaborg at falde voldsomt. I 1901 var der kun 16 medlemmer af menigheden.

Det endte uundgåeligt med, at synagogen blev lukket i 1907 for i 1914 at blive solgt. I dag rummer den tidligere synagoge en Frimurerloge, men det kan stadig ses, at bygningen tidligere har været en synagoge.

KLOSTERGADE 12, 5600 FAABORG

Byporten med de mange liv

Den gamle byport, Vesterporten, burde slet ikke have været her endnu. Der var i 1745, 1806, 1857 og 1879 seriøse planer om at få den revet ned, for den var forfalden og kun til gene for byens borgere, mente bystyret.

Utroligt nok slap den hver gang, men byporten slap ikke for at blive renoveret og ombygget lidt de sidste par hundrede år. Blandt andet er porten blevet gjort bredere, så det var muligt at køre gennem med større vogne. Toppen er også blevet ændret lidt.

Vesterporten blev opført i Senmiddelalderen, engang i 1470'erne, og var den vigtigste indgang til Faaborg.

Den er det eneste, der er tilbage efter byens fæstningsanlæg fra Middelalderen. Foruden Vesterporten var der dengang fem andre porte i fæstningsanlægget. De fem porte var træporte, hvorimod Vesterporten var opført i sten.

Der findes kun to bevarede byporte fra Middelalderen i Danmark. Den ene er Vesterporten i Faaborg. Den anden er den ligeledes smukke Mølleporten i Stege på Møn.

Vesterporten var ikke kun en del af fæstningsanlægget. Den blev også brugt til at standse folk, der skulle ind i byen med deres varer, for der skulle betales afgift af varerne.

Først i 1857 kunne folk slippe for at betale afgift af deres varer, så havde de også betalt afgifter siden 1670, hvor Kong Christian V indførte afgiften.

Hver aften frem til 1851 blev porten låst, og en betjent var på vagt om natten. Det var ikke for at beskytte byens borgere mod ondskab udefra, det var for at forhindre, at der blev fragtet varer ind om natten for at undgå afgiften.

I dag er Vesterporten heldigvis fredet, og byens borgere er sikkert glade for, at den overlevede alle planer om nedrivning.

VESTERGADE 10A, 5600 FAABORG

Nissebandens skjulested

Den gamle Kaleko Mølle ligger i et utroligt smukt og bakket område af Fyn og er Danmarks ældste fungerende vandmølle.

Vandmøllens historie går tilbage til midten af 1400-tallet, hvor Isse Petersen var møller på Kalekogård. Det er muligt, at møllens historie går endnu længere tilbage i tiden.

I 1600-tallet blev den udvidet til at have to møllehjul i stedet for kun et møllehjul. Vandet til mølledammen kom fra Rislebækken og nogle kilder i nærheden.

Selve møllebygningen er fra midten af 1600-tallet, men de to sidebygninger er fra henholdsvis 1844 og 1855.

To andre bygninger blev revet ned i starten af 1900-tallet, og den nordlige bygning blev forkortet.

Vandmøllen kører endnu, hvis der ellers er vand nok til det i mølledammen, for mølleværket blev rekonstrueret efter de originale tegninger engang tilbage i 1960'erne. Senere er det ene møllehjul blevet udskiftet.

Den sidste gang, møllen malede korn, var tilbage i 1912, hvor den sidste møller, Søren Pedersen, lukkede ned og forlod stedet.

Hvis der ikke skete noget derefter, ville Kaleko Mølle bare stå og forfalde, for til sidst at blive revet ned. Men heldigvis overtog en lokal forening stedet nogle år senere og omdannede det til et museum, som åbnede i 1917.

 DR's Julekalender fra 1984, "Nissebanden", blev optaget her. De fleste udendørs optagelser blev skudt her på dette smukke og idylliske sted.

Stedet kan sagtens nydes uden at besøge museet, der kun er lejlighedsvist åbent.

Der skal parkeres på den lille parkeringsplads, og stien hen til møllen skal benyttes.

PRICESHAVEVEJ 38, 5600 FAABORG

Den lange port

Nyborg har altid haft en strategisk vigtig betydning i forhold til at sikre trafikken over Storebælt.

Derfor var det nødvendigt at anlægge en fæstning her, og gennem omkring 700 år var det en af de vigtigste fæstninger i Danmark. Gennem flere forskellige perioder i Danmarkshistorien blev fæstningen løbende udbygget og forbedret.

For at kontrollere hvem og hvad der kom ind i Nyborg, opførtes en landport her under Kong Christian III, men Kong Frederik III. fik den lange portgang opført og forsynede porten med sit navnetræk og årstal 1666. Den var en del af den nye fæstning, som blev opført i denne periode.

Landporten skulle beskyttes mod fjendtlig indtrængning. Derfor var der foran den opført voldgrave, vindebro, bastioner med kanoner og andre tiltag for at undgå, at fjenden trængte ind.

Porten var den vigtigste adgangsvej ind til Nyborg helt frem til 1840'erne. Alt trafik mellem Øst- og Vestdanmark passerede som regel gennem denne port.

Hver aften ringede kirkeklokkerne klokken 21.45 for at minde om, porten blev lukket klokken 22.00. Kirkeklokkerne ringer stadig hver aften kl. 21.45 for at mindes dengang, porten blev lukket hver aften.

Helt frem til engang i starten 1930'erne var vejen foran landporten, Lindealleén, en del af hovedvejen mellem færgelejerne og Odense. Da bilismen efterfølgende steg, blev vejen omsider ført udenom.

Inde i portbygningen er der flere lokaler, som i dag bruges af forskellige lokale foreninger. Under den tyske besættelse fra 1940 til 1945 blev porten brugt som beskyttelsesrum.

Den 40 meter lange tøndeformede hvælv var dengang Danmarks længste tøndehvælv, og det er det stadig den dag i dag.

LINDEALLEEN 1, 5800 NYBORG

Danmarks største vandreblok

Den store sten tog turen fra Sverige her til stedet under Istiden. Det var de enorme gletsjere, der fragtede den med til Fyn, vest for Hesselager. Da gletsjerne smeltede, blev stenen efterladt her for omkring 14.000 år siden.

Den kaldes for Damestenen eller Hesselagerstenen.

Stenen vejer omkring 1.000 ton og er omkring 46 meter i omkreds. Bredden er omkring 14 meter lang og omkring ni meter bred.

Det var først engang i 1800-tallet, at man fandt ud af, at det var en løs sten, inden da troede man, at det var en fast klippe.

Der er flere forskellige sagn tilknyttet den store sten. En af dem fortæller at en jætte fra Langeland ikke kunne fordrage at høre kirkeklokkerne fra Svindinge. Almindeligvis kunne jætterne slet ikke foredrage at høre kirkeklokker. Derfor kastede han stenen efter kirken, men den nåede kun til Hesselager.

Et andet sagn fortæller, at en dame, der boede i Hou på Langeland, blev sur over, at kirketårnet på Svinninge Kirke tjente de søfarende for godt, og derfor strandede der ikke mange skibe ved Hou. Så hun kunne ikke samle vraggods, og derfor kastede hun i vrede stenen mod kirketårnet.

Til trods for, at damen tilsyneladende havde mange kræfter og sigtede rigtigt godt, nåede stenen kun to tredjedele af vejen og endte her vest for Hesselager.

Et tredje sagn fortæller, at en heks kastede stenen, men en engel kom flyvende ned fra himlen og satte sin fod på stenen, så den faldt ned her. Der skulle efter sigende være et aftryk af hendes fod på stenen.

Det siges også ifølge de gamle sagn, at den store sten vokser, hver gang den lugter brød.

Stenen er nu delvist gravet fri, så det nu er nemmere at få et godt indtryk af stenens størrelse.

DAMESTENSVEJ 1, 5874 HESSELAGER

En gigantisk æbleskivepande

Lidt uden for Svendborg findes et oldtidsminde, der går under navnet Æbleskivestenen.

I sidste halvdel af 1800-tallet opdagede ejeren af jorden, Theobald Weber, Æbleskivestenen, og han fik den gravet helt frem og fik den placeret i et lille anlæg.

Stenen er en skålsten, og hele oversiden er besat med skåltegn. Det er afrundede hulninger i stenen med en diameter på omkring fire til seks centimeter. Det passer lige med hullerne i en æbleskivepande, deraf kommer navnet Æbleskivestenen. Hvis der skulle laves æbleskiver her, skulle der bruges meget dej, for der er omkring 105 huller i oversiden.

Selve stenen er omkring to meter bred og omkring tre meter lang. Rundt om stenen er der placeret gamle kværnsten.

De fleste skålsten i Danmark er fra Bronzealderen, men der findes også enkelte fra Jernalderen og Stenalderen. Æbleskivestenen ved Svendborg er fra Bronzealderen, så den er omkring 2.500-3.500 år gammel.

Vi ved ikke, hvad disse skåltegn betyder, men de har indgået i forskellige rituelle handlinger. Nogle tolker hullerne som symbol på solen og fuldmånen. Det kan også være et symbol på kvindens køn, altså frugtbarhedstegn.

Andre mener, at der i hullerne er blevet ofret smør, brød, honning eller sågar blod til oldtidens guder.

En anden mere fantasifuld forklaring på hullerne er, at de har fungeret som en kæmpe farvelade. Farverne blev hældt i hullerne og blandet efter behov, alt efter hvilken farve oldtidsmenneskerne ønskede at dekorere sig med i forbindelse med de rituelle handlinger.

Nogle steder i Danmark er det stadig brugt at lægge brød i skålstenenes huller.

SKÅRUPØRE STRANDVEJ 3, 5700 SVENDBORG

Gravstenen fra Middelalderen

Ved den smukke Bregninge Kirke, der bogstaveligt ligger på toppen af Tåsinge, på Bregninge Bakke, kan man nyde den smukke udsigt udover landskabet.

Inde i kirken findes der en gammel gravsten, som bestemt er værd at tage et kig på.

Den forsvandt i 1823, men blev heldigvis fundet igen i 1875. Den var blevet brugt som en grundsten i et gravkapel ved kirken for adelsslægten Juel. Gravstenen blev udtaget og flyttet ind i kirken, senere hen fik den sin nuværende placering i våbenhuset.

Skriften på gravstenen er udført i runer. Det var ikke kun i Vikingetiden, at man anvendte runer. Faktisk blev runer anvendt helt op i Middelalderen, muligvis helt op til 1400-tallet. Gravstenen i kirken er fra begyndelsen af 1200-tallet, dateret ud fra indskriftens form og indhold.

Teksten på gravstenens kanter lyder således: "Swen Sazær sun liggær hæunde. Hælge Diakæn ristæ mæk, mæstær Bo giorþæ mæk".

På nutidigt dansk: "Svend Sassersøn ligger herunder. Helge Degn ristede mig. Mester Bo gjorde mig".

Det vides ikke, hvem Svend Sassersøn var, men han har sikkert været en betydningsfuld person i området dengang.

Læg mærker til de fine ornamenteringer på gravstenen. På oversiden er der en kristusfigur der bærer et kors i venstre hånd og en skriftrulle i højre hånd.

Gravstenen er også smukt ornamenteret på siderne. Ved hovedenden er der et kors, og ved fodenden er der en lilje.

I kirkens kor, til venstre for alteret, findes resterne af et middelalderligt krucifiks fra år 1230-40. Overkroppen af en kristusfigur er bevaret, og hovedet er let bøjet med et mildt og roligt udtryk.

KIRKEBAKKEN 2, 5700 SVENDBORG

Sekretæren sad under egen og digtede

Ambrosius Stub sad efter sigende ofte under egetræet og læste eller skrev digte, når hans tid ellers tillod det.

Han var fra 1739 til 1752 ansat på Valdemars Slot som kammerherre Niels Juels sekretær, bibliotekar, huspoet, ledsager og skriver.

Som ung opholdt han sig i København, flakkede rundt i det litterære miljø, og skrev en del drikkeviser, der var populære på vinstuerne i hovedstaden.

Han blev i 1734 gift med en præstedatter og fik to børn, men han kunne ikke finde sig til rette som familiefader og flakkede igen rundt. Han ernærede sig derefter som husholder, skriver og sekretær på de store godser, inden han kom til Valdemars Slot.

Af uvisse årsager tager Ambrosius Stub i 1752 videre til Ribe, hvor han i 1758 dør syg, fattig og dybt forgældet.

Ambrosius Stub blev senere anerkendt som en af 1700-tallets bedste naturdigtere. Hans digte blev dog først udgivet længe efter hans død af blandt andet hans søn, Christian Stub.

Med tiden blev egetræet kaldt for Ambrosius Egen, og navnet hænger stadig ved det nu fredede træ. Det er muligt, at han her sad under træet og skrev sine digte om naturen, sikkert er det, at han var på øen, da han skrev dem.

Det smukke, gamle, og omkring tyve meter høje, egetræ har en imponerende omkreds på omkring 7,5 meter. Grundige undersøgelser af træet i 1997 har vist, at det er plantet eller sået omkring år 1600.

Inden da troede man, at træet var omkring 700 år gammelt, men boreprøverne gjorde træet 300 år yngre.

Desværre viste det sig også, at træet ikke har det så godt. Det er angrebet af råd og svamp, så det er kun et spørgsmål om tid, før det gamle egetræ dør.

NØRRESKOVVEJ 1, 5700 SVENDBORG

Romeo og Julie

Den 18. juli 1889 endte et forelsket pars kærlighed til hinanden meget ulykkeligt.

Den 21-årige Elvira Madigan og den 35-årige Sixten Sparre tog på udflugt med madkurv til Nørreskoven ved Tåsinge. De satte sig et sted i en skovlysning under nogle bøgetræer. De sad på et medbragt tæppe og spiste deres mad.

Senere blev de fundet døde, liggende på tæppet. Elvira Madigan var blevet skudt i venstre tinding. Sixten Sparre var skudt i højre tinding. Det var åbenlyst at Sixten Sparre havde skudt hende først og derefter sig selv. De lå begge fredfyldt på tæppet.

Historien om parrets kærlighed startede i foråret 1888 under en cirkusforestilling i Kristiansstad i Skåne, hvor den svenske adelsmand og løjtnant Sixten Sparre overværede forestillingen.

HEDVIG JENSEN,

FÖDD D. 4 DECBR. 1867,

DÖD I JULI 1889.

SIXTEN SPARRE

LÖJTNANT VID KGL. SKÅNSKA

DRAG. REGEMENTET

FÖDD D. 21 STER 1854

DÖD I JULI 1889

Han blev straks betaget af en linedanserinde, Hedvig Antoinette Isabella Eleonore Jensen, som optrådte under navnet Elvira Madigan.

De indledte et hemmeligt forhold, for han var gift og havde to børn. I foråret 1889 stak de af sammen og rejste til Svendborg, hvor de indlogerede sig på et hotel.

Senere tog de til Troense og indlogerede sig på et sommerpensionat.

Deres penge var sluppet op, og det var ikke muligt for parret at skaffe flere. Deres fremtidsudsigter så ikke gode ud. Derfor tog de på den skæbnesvangre udflugt i skoven, hvor de besluttede at gå i døden sammen frem for at undvære hinanden.

Elvira Madigan og Sixten Sparre blev begravet på Landet Kirkegård den 27. juli 1889.

Der er tradition for, at brudene, som bliver viet i Landet kirke, lægger brudebuketten på Elvira Madigans grav for på denne måde at give hende en brudebuket, som hun aldrig fik i levende live.

ELVIRA MADIGANS VEJ 39A, 5700 SVENDBORG

Gorm Wilhjelms ur

I 1928 blev der på perronsiden af Rudkøbing Station sat et stort ur op. Det var et ur, som den lokale urmager, Gorm Wilhjelm, havde lavet og skænket til stationen.

Uret hænger der endnu, selvom det sidste tog kørte fra stationen tilbage i 1962.

Det er ikke et helt almindeligt ur, for det er nemlig noget så usædvanligt som et 24-timers ur.

Urskiven er inddelt i 24 felter, et for hver time i døgnet, minutviseren foretager som normalt en hel runde hver time, mens timeviseren går hele vejen rundt én gang i døgnet. Bemærk, hvordan timerne er placeret på urskiven.

Selve urværket er opbygget som et pendulværk med lod og er placeret i den gamle stations ventesal.

I dag benyttes den gamle station blandt andet af Rudkøbings lokalhistoriske arkiv, og en frivillig medarbejder på arkivet står for at trække det gamle ur op en gang imellem.

Den smukke stationsbygning blev opført i 1910 og var en del af Langelandsbanen. Som den eneste station på Langelandsbanen havde Rudkøbing Station en restaurant.

På stationen havde Postvæsenet også et rum til at sortere post, der kom med tog og færge. Posten blev her sorteret og igen sendt videre med tog og færge.

Langelandsbanen som startede i 1911, var en privatbane med tog, der kørte fra Rudkøbing til Bagenkop over Skrøbelev. Undervejs stoppede toget ved forskellige mellemstationer. Ved Skrøbelev var der desuden en sidebane til Spodsbjerg.

Det er muligt at se spor i landskabet efter Langelandsbanen forskellige steder på Langeland.

HAVNEGADE 7, 5900 RUDKØBING

Byens sprøjtehus

Tæt ved Tullebølles gamle kro ligger et smukt lille gadekær.

Det lille gadekær ligger smukt ved landsbyens bygade, og der er mulighed for at sidde og nyde omgivelserne her.

I gamle dage var det landsbyerne selv, der havde ansvaret for brandslukningen. Der var nogle steder små huse med brandslukningsmateriel, oftest i nærheden af sognets store gårde eller slotte.

I foråret 1861 kom der en ny brandlov, der pålagde kommunerne opgaven med brandslukningsarbejdet. De blev pålagt at anskaffe sig brandslukningsmateriel, som skulle opbevares et centralt sted og helst i nærheden af vand.

Den nye brandlov påbød også, at de enkelte gårde selv skulle have stiger og spande klar i tilfælde af brand.

Det var oplagt, at brandslukningsmateriellet i Tullebølle skulle opbevares ved gadekæret. Her lå det centralt og med adgang til vand som brandloven påbød.

Derfor blev der i midten af 1860'erne opført et lille, hvidt sprøjtehus med tegltag med plads til landsbyens lille hestetrukne brandsprøjte, brandslange og andet brandslukningsmateriel.

Nicherne på sprøjtehusets vægge er ikke lavet for at gøre bygningen kønnere, ved at lave disse nicher kunne der spares omkring 400 mursten.

Med tiden blev landsbyernes små sprøjtehuse overflødige, og mange af dem blev revet ned, eller brugt til noget andet.

Der er i Danmark alligevel bevaret en del sprøjtehuse. Alene på Fyn er der bevaret omkring 33 gamle sprøjtehuse.

En gruppe frivillige ældre landsbyboere sørger for vedligeholdelsen af det lille sprøjtehus og landsbyens gamle brandsprøjte.

BYGADEN 89A, 5953 TRANEKÆR

En gammel hollænder

I Vestre Stigtehave, tæt ved Lohals, er det muligt at se et gammelt "hollænderi", her kaldet for Hollænderhuset.

Et hollænderi var et selvstændigt mejeri, som var tilknyttet en større gård eller en hovedgård i gamle dage.

Hollænderier kendes i Danmark fra 1500-tallet, og betegnelsen blev brugt til begyndelsen af 1800-tallet. Derefter blev de kaldt for mælkerier for til sidst at blive kaldt mejerier.

Når der skulle laves oste på de årlige ostedage, bragte sognets unge piger mælken, der skulle bruges hertil. Som tak for hjælpen blev de budt på smørrebrød og lidt til ganen.

Senere hen blev Hollænderhuset her ved Vestre Stigtehave brugt som bolig for de mennesker, som arbejdede i de omkringliggende skove.

Tidligere tilhørte Hollænderhuset Tranekær Gods, men nu ejes det af Skov- og Naturstyrelsen.

Inde i Hollænderhuset er der en udstilling om Nordlangelands skove og om de mennesker, der arbejdede i disse skove.

Der er også en udstilling om den lille ø Vressen, som ligger i farvandet nordvest for Nordlangeland. Øen er nemlig ved at forsvinde i havet og kaldes lidt spøgefuldt for det fynske Atlantis.

Derudover er det muligt at se Djævlestenen inde i Hollænderhuset. Udsmykningen på helleristningsstenen er fra den yngre Bronzealder, for omkring 2.500-3.000 år siden. Der er omkring 200 skålformede mærker i den. Den vejer omkring 3,5 ton og er i to dele.

Det er muligt, at lokalbefolkningen i gamle dage troede, at det var en sten, som man gjorde bedst i at holde sig langt væk fra, deraf navnet på stenen.

HOUVEJ 59, 5953 TRANEKÆR

I 1975 overgik overvågningen af fyret til Fornæs Fyrs overvågningscentral, som ligger på Jyllands østligste punkt på Djursland. Herfra overvågedes mange automatiserede og ubemandede fyr rundt omkring langs Danmarks kyster.

Frankeklint Fyr blev i den anledning moderniseret og automatiseret. Der var således ikke længere brug for, at fyret var bemandet, nu hvor det hele kunne overvåges fra Fornæs Fyrs overvågningscentral.

I år 2000 blev overvågningen af fyrene flyttet til København.

Et gammelt sagn fortæller, at sørøveren Haagen Hou havde en borg her på Frankeklint og drog på plyndringstogter herfra.

Fra Frankeklint er der fin udsigt til Lundeborg på Fyn og skibsfarten i det sydlige Storebælt. Det er muligt at se ganske langt op i Storebælt.

Frankeklint Fyr fungerer stadig som fyr for skibene i farvandet.

HOUVEJ 99A, 5953 TRANEKÆR

Danmarks længste kunstudstilling

Historien om Danmarks længste kunstudstilling starter tilbage i 1980'erne, da det lokale elforsyningsselskab besluttede at omlægge ledningsnettet fra luftledninger til kabler i jorden.

Det gjorde de gamle transformatortårne overflødige, og hvad der skulle ske med dem, var uvist. Nedrivning var en mulighed.

Nogle af transformatortårnene fik lov til at blive stående, da de er af kulturhistorisk betydning. Som en del af bevaringsindsatsen skulle de gamle transformatortårne helst bruges til et eller andet.

Heldigvis fik den lokale kunstner Hans Kjær en rigtig god ide. Han kunne se muligheder i de gamle transformatortårne. De skulle bruges til kunstneriske formål, når de var tømt for de tekniske installationer indvendigt.

Elforsyningsselskabet syntes, at det var en rigtig god ide.

De første tre kunsttårne blev indviet i 2003, og i årene efter kom der flere til. Der er nu 12 kunsttårne fordelt over hele Langeland.

Kunsttårnene har ikke permanente udstillinger, udstillingerne skal udskiftes omkring hvert tredje år for at sikre, at andre kunstnere også får mulighed for være med. I begyndelsen af maj måned hvert år udskiftes udstillingerne i fire af kunsttårnene.

Det giver selvfølgelig udfordringer for kunstnerne, at galleriet kun er 1,5 meter bredt på hver side og er omkring otte meter højt, men det er lykkedes dem meget godt alligevel.

Der er kunsttårne ved Stoense, Snøde Hesselbjerg, Korsebølle, Botofte, Tullebølle, Spodsbjerg, Fuglsbølle, Kædebybro, Havbølle, Hennetved, Tryggelev og Øen.

Kunsttårnene på Langeland er åbne hele året rundt.

PEDERSTRUPVEJ 16A, 5900 RUDKØBING

Havet spiser af Langelands sydspids

Havets bølger slår ind mod Langelands sydligste klinter, gør deres bunde våde og skyller det nederste af klinterne væk.

På et tidspunkt bliver klinterne så svækkede, at store stykker af klinterne rutsjer ned ovenfra.

Dovns Klint var ikke for så længe siden en såkaldt hatbakke inde i landskabet. Nu er hatbakken en klint, og om ikke så længe er den helt væk.

De runde fladtoppede højdedrag i landskabet, hatbakker, er specielle for Langeland. De blev dannet under den sidste istid for omkring 15.000 år siden. Hatbakkerne ligger i flere kæder op over Langeland. I alt er der mere end 1.000 hatbakker på Langeland.

Kysten neden for Dovns Klint er et meget populært sted for lystfiskere, men er på grund af de mange sten ikke egnet til badning.

På stranden kan der blandt andet ses kugleflint. Det er runde flintesten, som er en forstenet svamp, som voksede i havet i urtiden.

Kugleflint gav i gamle dage folk på Langeland en ekstra indtægt. Stenene blev samlet og solgt som knusesten til cement- og porcelænsmøller. I dag bruger man stålkugler i stedet. Kugleflint forekommer kun i Danmark og i Frankrig.

Langeland leverede blandt andet knusemateriale til byggeriet af Kielerkanalen, men udover knusemateriale er kugleflint blevet brugt til så forskellige formål som vejstriber og sandpapir.

På toppen af Dovns Klint er det muligt at se store fugleflokke, når de trækker sydpå i efteråret. Fugle foretrækker at flyve længst muligt over land, og Sydlangeland ligger på fuglenes hovedveje, når de trækker fra nord mod syd.

Fra Dovns Klint er der omkring 40 kilometer til den tyske kyst, og på gode dage er det faktisk muligt at skimte den i det fjerne.

GULSTAVVEJ 24, 5935 BAGENKOP